# 한글은 내친구 ⑤

| | |
|---|---|
| 생각하는 동화 | 4 |
| 'ㄱ' 받침 익히기 | 6 |
| 'ㄱ' 받침 낱말 익히기 | 8 |
| 'ㄱ' 받침 낱말 다지기 | 22 |
| 'ㄴ' 받침 낱말 익히기 | 26 |
| 'ㄴ' 받침 낱말 다지기 | 41 |
| 'ㄹ' 받침 낱말 익히기 | 44 |
| 'ㅁ' 받침 낱말 익히기 | 48 |
| 'ㅇ' 받침 낱말 익히기 | 52 |
| 'ㅓ+ㄱ' 받침 낱말 익히기 | 68 |
| 'ㅓ+ㄴ' 받침 낱말 익히기 | 72 |
| 'ㅗ+ㄱ' 받침 낱말 익히기 | 86 |

# 이렇게 지도해 주세요.

### 아이와 대화하는 부모가 되어주세요.

**아**이의 두뇌성장을 돕는 환경적 자극 중에서 부모와의 대화에서 얻어지는 언어자극은 아이의 두뇌성장에 큰 역할을 합니다.
엄마와 매일 대화하는 아이가 그렇지 않은 아이에 비해 언어구사력이 뛰어난 것은 바로 이러한 사실을 뒷받침 해주는 증거입니다. 아이는 엄마와의 대화를 통해서 또래와의관계에서는 얻기 힘든 새롭고 다양한 낱말을 배우게 됩니다. 그렇기 때문에 부모와 함께하는 언어활동은 아이에게 그 어떤 자극보다 중요한 교육이 될 수 있습니다.

### 아이의 끊임없는 질문에 성실하게 대답해 주세요.

**아**이가 부모와 대화를 통해 언어활동을 시작하면서 유치원, 어린이집 등에서 만난 또래친구들과도 어울리며 수많은 질문과 궁금증을 갖게 됩니다. 그러면서 질문을 반복해서 하게 되는데, 이때 아이의 반복된 질문에 부모가 늘 성실하게 대답해 주고 칭찬을 아끼지 않는다면 그 학습효과는 보다 효과적으로 발휘될 것입니다.

### 좋은 교재로 학습에 대한 호기심을 자극해 주세요.

**학**습을 처음 시작한 아이에게 좋은 교재는 학습에 대한 새로운 호기심을 자극할 수 있는 좋은 친구입니다. 또한 아이의 학습욕구를 자극하기 위해서는 교재를 먼저 보여주고 빨리 하고 싶다는 생각을 끌어주는 것도 하나의 방법입니다. 예를 들면 스티커나, 색칠하기, 오리기, 접기 등의 교재를 보면서 아이가 가위질과 크레용을 사용하여 색칠하고, 스티커를 떼서 붙이는 활동에 흥미를 느끼게 되는 것입니다.

# 생각이 커지는 내친구 한글 시리즈

〈한글은 내친구〉는 한글을 배우기 시작하는 만3세 영아 과정부터 7세까지 제7차 교육과정을 바탕으로 한 교과서 중심의 한글학습교재로 전8권으로 구성되어있습니다.

본 교재는 아이가 쉽게 알고 인지할 수 있도록 사진, 그림, 스티커 붙이기, 색칠하기 등으로 다양하게 엮었으며, 생각을 키워주는 '생각하는 동화'를 통한 인성교육도 세심하게 다루었습니다.

1권에서 8권까지의 전 과정은 영아부터 초등학교 입학 전 아동이 반드시 배워야 할 학습 내용이 빠짐없이 탄탄하게 구성되어 있어, 한글을 배우기 시작하는 단계에서부터 문장 쓰기까지의 모든 과정을 완벽하게 마스터 할 수 있는 창의학습 프로그램입니다.

## 한글은 내친구 - 구성과 특징

**1단계**
여러 가지 선 긋기와 색칠하기, 스티커 붙이기를 통한 놀이 학습, 자음(닿소리)과 모음(홀소리) 배우기로 구성하였습니다.

**2단계**
생각하는 동화와 닿소리-홀소리의 복습, 가~허, 거~허를 그림과 함께 익히고 쓸 수 있게 구성하였습니다.

**3단계**
자음(닿소리)과 모음(홀소리)의 합성 형태를 낱말을 통해 익히고 읽고 쓸 수 있도록 구성하였습니다.

**4단계**
자음(닿소리)과 모음(홀소리)의 합성 낱말과 겹닿소리 익히기를 구성 하였습니다.

**5단계**
여러 가지 기관에서 하는 일과 받침이 있는 글자를 학습하도록 구성하였습니다.

**6단계**
겹받침과 단위를 나타내는 말, 서수, 감정을 나타내는 말을 학습하도록 구성하였습니다.

**7단계**
같은 말 다른 뜻(동음이의어), 소리를 표현하는 말을 학습하고 받아쓰기 등의 심화학습을 할 수 있도록 구성하였습니다.

**8단계 우리들은 1학년**
예비초등단계로 초등학교 입학 전 아동을 위해 초등학교 1학년 교과내용을 중심으로 하였으며 1권에서 7권을 마무리하는 단계로 구성하였습니다.

유치원 교육 과정에 따른
**8단계 교육 프로그램**

# 조약돌을 아껴 주세요.

　산속 깊은 곳에 맑은 시냇물이 흐르고 있어요. 그 시냇물이 흘러가는 길에는 작고 예쁜 돌멩이들이 옹기종기 모여 있어요.
　어두운 밤이면 밤하늘에서 비춰주는 달빛이며 별빛들이 졸졸졸 흐르는 시냇물을 환하게 비춰주고, 그 빛을 보며 조그마한 조약돌들은 소근소근 이야기를 시작했어요.
　"오늘은 더워서 사람들이 많이 왔어. 세수도 하고, 발도 담그고 즐겁게들 놀다가는 것 같았어."

검정 조약돌이 말하자 하얀 조약돌이 입을 삐죽거리면서 말했어요.
"세수하고 발만 담그면서 놀다간게 아니야. 여길 좀 보라고. 먹다버린 수박에 쓰레기에…… 아휴, 냄새."
조약돌들이 둘러보니 주변에는 온통 쓰레기들로 가득했어요.
달빛 아래 보이는 건 오직 쓰레기와 흐르는 시냇물에 반사되는 달빛 뿐이였어요.
"사람들은 이곳에 오면 모두 행복해 하며 즐거운 시간을 보내고 가지만 우리는 사람들이 가고 나면 너무 힘들어. 정말이지 너무 힘들다고."
작은 조약돌들은 그 말에 모두 고개를 끄덕였어요.
하늘 위에서 빛나고 있는 달님과 별님은 아무말 없이 조약돌들의 이야기를 듣고 있었어요.

조약돌들은 사람들이 가고 나면 왜 힘들다고 하는 걸까요?

'ㄱ' 받침 익히기

날짜: 월 일

🎲 ㄱ받침 글자를 바르게 써 보세요.

| 각 | 각 | 각 | 각 | 각 | 각 | 각 |
| 낙 | 낙 | 낙 | 낙 | 낙 | 낙 | 낙 |
| 닥 | 닥 | 닥 | 닥 | 닥 | 닥 | 닥 |
| 락 | 락 | 락 | 락 | 락 | 락 | 락 |
| 막 | 막 | 막 | 막 | 막 | 막 | 막 |
| 박 | 박 | 박 | 박 | 박 | 박 | 박 |
| 삭 | 삭 | 삭 | 삭 | 삭 | 삭 | 삭 |

## 'ㄱ' 받침 익히기

날짜:   월   일

🎲 ㄱ받침 글자를 바르게 써 보세요.

| 악 | 악 | 악 | 악 | 악 | 악 | 악 |
| 작 | 작 | 작 | 작 | 작 | 작 | 작 |
| 착 | 착 | 착 | 착 | 착 | 착 | 착 |
| 칵 | 칵 | 칵 | 칵 | 칵 | 칵 | 칵 |
| 탁 | 탁 | 탁 | 탁 | 탁 | 탁 | 탁 |
| 팍 | 팍 | 팍 | 팍 | 팍 | 팍 | 팍 |
| 학 | 학 | 학 | 학 | 학 | 학 | 학 |

'ㄱ' 받침 낱말 익히기

날짜:   월   일

🎲 그림과 함께 낱말을 읽고, 바르게 써 보세요.

| 각 | 도 | 기 |
|---|---|---|
| 각 | 도 | 기 |
| 각 | 도 | 기 |
| 각 | 도 | 기 |
|   |   |   |
|   |   |   |

| 삼 | 각 | 형 |
|---|---|---|
| 삼 | 각 | 형 |
| 삼 | 각 | 형 |
| 삼 | 각 | 형 |
|   |   |   |
|   |   |   |

날짜:   월   일

## 'ㄱ' 받침 낱말 익히기

매우잘함  잘함  보통

🎲 그림과 함께 낱말을 읽고, 바르게 써 보세요.

| 낙 | 타 |
|---|---|
| 낙 | 타 |
| 낙 | 타 |
| 낙 | 타 |
|   |   |
|   |   |

| 낙 | 하 | 산 |
|---|---|---|
| 낙 | 하 | 산 |
| 낙 | 하 | 산 |
| 낙 | 하 | 산 |
|   |   |   |
|   |   |   |

날짜 :    월    일

## 'ㄱ' 받침 낱말 익히기

🎲 그림과 함께 낱말을 읽고, 바르게 써 보세요.

| 손 | 바 | 닥 |
|---|---|---|
| 손 | 바 | 닥 |
| 손 | 바 | 닥 |
| 손 | 바 | 닥 |
|   |   |   |
|   |   |   |

| 닥 | 나 | 무 |
|---|---|---|
| 닥 | 나 | 무 |
| 닥 | 나 | 무 |
| 닥 | 나 | 무 |
|   |   |   |
|   |   |   |

날짜: 월 일

## 'ㄱ' 받침 낱말 익히기

🎲 그림과 함께 낱말을 읽고, 바르게 써 보세요.

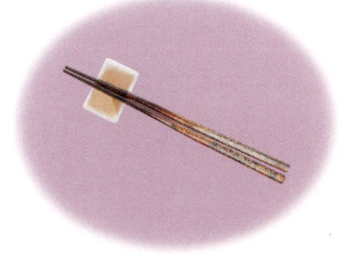

| 도 | 시 | 락 |
|---|---|---|
| 도 | 시 | 락 |
| 도 | 시 | 락 |
| 도 | 시 | 락 |
|  |  |  |
|  |  |  |

| 젓 | 가 | 락 |
|---|---|---|
| 젓 | 가 | 락 |
| 젓 | 가 | 락 |
| 젓 | 가 | 락 |
|  |  |  |
|  |  |  |

날짜 :   월   일

## 'ㄱ' 받침 낱말 익히기

🎲 그림과 함께 낱말을 읽고, 바르게 써 보세요.

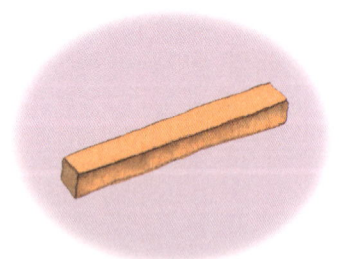

| 막 | 대 | 기 |
|---|---|---|
| 막 | 대 | 기 |
| 막 | 대 | 기 |
| 막 | 대 | 기 |
|   |   |   |
|   |   |   |

| 원 | 두 | 막 |
|---|---|---|
| 원 | 두 | 막 |
| 원 | 두 | 막 |
| 원 | 두 | 막 |
|   |   |   |
|   |   |   |

## 'ㄱ' 받침 낱말 익히기

날짜:    월    일

🎲 그림과 함께 낱말을 읽고, 바르게 써 보세요.

| 박 | 쥐 |
|---|---|

| 수 | 박 |
|---|---|

| 호 | 박 |
|---|---|

'ㄱ' 받침 낱말 익히기

날짜 :   월   일

그림과 함께 낱말을 읽고, 바르게 써 보세요.

| 이 | 삭 |
|---|---|
| 이 | 삭 |
| 이 | 삭 |
| 이 | 삭 |
|   |   |
|   |   |

| 벼 | 이 | 삭 |
|---|---|---|
| 벼 | 이 | 삭 |
| 벼 | 이 | 삭 |
| 벼 | 이 | 삭 |
|   |   |   |
|   |   |   |

날짜:    월    일

## 'ㄱ' 받침 낱말 익히기

🎲 그림과 함께 낱말을 읽고, 바르게 써 보세요.

| 악 | 기 | 악 | 어 | 악 | 보 |
|---|---|---|---|---|---|
| 악 | 기 | 악 | 어 | 악 | 보 |
| 악 | 기 | 악 | 어 | 악 | 보 |
| 악 | 기 | 악 | 어 | 악 | 보 |
|   |   |   |   |   |   |
|   |   |   |   |   |   |

날짜:   월   일

## 'ㄱ' 받침 다지기

🎲 빈 곳에 알맞은 낱자 스티커를 붙여 보세요.

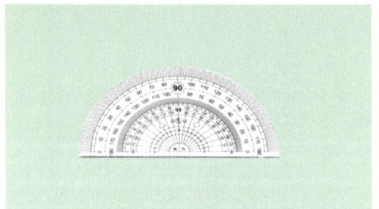  　가 + ㄱ → ☐ 도 기

  　나 + ㄱ → ☐ 지

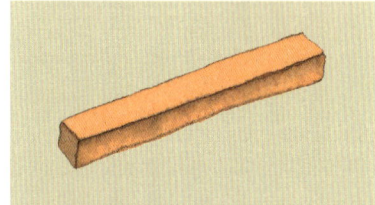  　마 + ㄱ → ☐ 대 기

  　바 + ㄱ → 수 ☐

  　아 + ㄱ → ☐ 기

  　사 + ㄱ → 벼 이 ☐

 날짜: 월 일

## 'ㄱ' 받침 다지기

🎲 그림에 맞는 글자를 찾아 줄로 이어 보세요.

🎲 그림의 이름에 맞는 낱말을 줄로 이어 보세요.

5 단계 17

날짜 :     월     일

## 'ㄱ' 받침 낱말 익히기

🎲 그림과 함께 낱말을 읽고, 바르게 써 보세요.

| 작 | 업 | 복 |
|---|---|---|
| 작 | 업 | 복 |
| 작 | 업 | 복 |
| 작 | 업 | 복 |
|   |   |   |
|   |   |   |

| 공 | 작 | 새 |
|---|---|---|
| 공 | 작 | 새 |
| 공 | 작 | 새 |
| 공 | 작 | 새 |
|   |   |   |
|   |   |   |

## 'ㄱ' 받침 낱말 익히기

날짜:   월   일

🎲 그림과 함께 낱말을 읽고, 바르게 써 보세요.

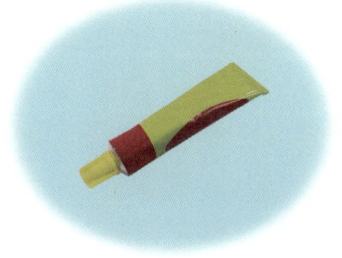

| 도 | 착 |
|---|---|
| 도 | 착 |
| 도 | 착 |
| 도 | 착 |
|   |   |
|   |   |

| 접 | 착 | 제 |
|---|---|---|
| 접 | 착 | 제 |
| 접 | 착 | 제 |
| 접 | 착 | 제 |
|   |   |   |
|   |   |   |

날짜:    월    일

## 'ㄱ' 받침 낱말 익히기

매우잘함 　잘함 　보통

🎲 그림과 함께 낱말을 읽고, 바르게 써 보세요.

| 탁 | 구 | 공 |
|---|---|---|
| 탁 | 구 | 공 |
| 탁 | 구 | 공 |
| 탁 | 구 | 공 |
|   |   |   |
|   |   |   |

| 세 | 탁 | 기 |
|---|---|---|
| 세 | 탁 | 기 |
| 세 | 탁 | 기 |
| 세 | 탁 | 기 |
|   |   |   |
|   |   |   |

'ㄱ' 받침 낱말 익히기

그림과 함께 낱말을 읽고, 바르게 써 보세요.

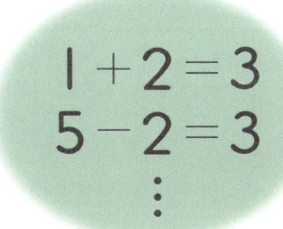

| 수 | 학 | 학 | 교 | 학 | 생 |
|---|---|---|---|---|---|
| 수 | 학 | 학 | 교 | 학 | 생 |
| 수 | 학 | 학 | 교 | 학 | 생 |
| 수 | 학 | 학 | 교 | 학 | 생 |
| | | | | | |
| | | | | | |

날짜 : 　월 　일

## 'ㄱ' 받침 낱말 다지기

🎲 그림을 보고, 알맞은 낱말을 찾아 줄로 이어 보세요.

 •　　　•  복 숭 아

 • 　　　•  속 옷

 • 　　　•  옥 수 수

 • 　　　•  폭 포

 • 　　　•  목 장

날짜 : 월 일

# ‘ㄱ’ 받침 낱말 다지기

매우잘함 잘함 보통

그림을 보고, □ 안에 낱말 스티커를 붙이세요.

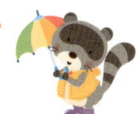

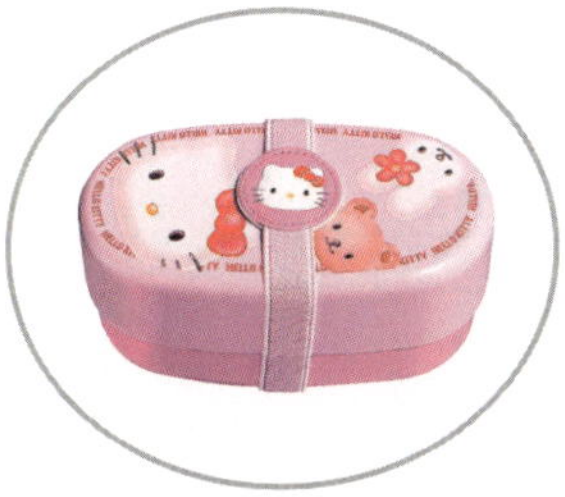

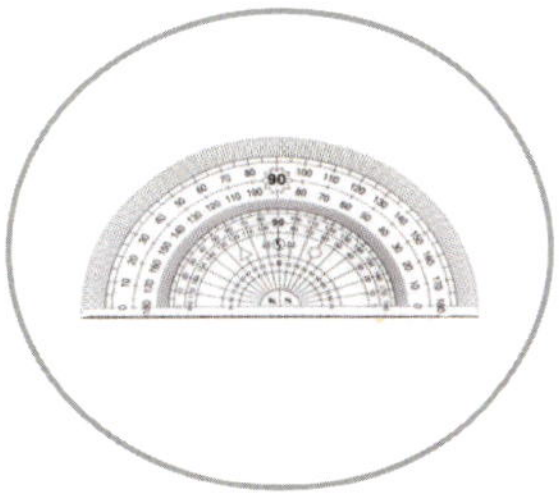

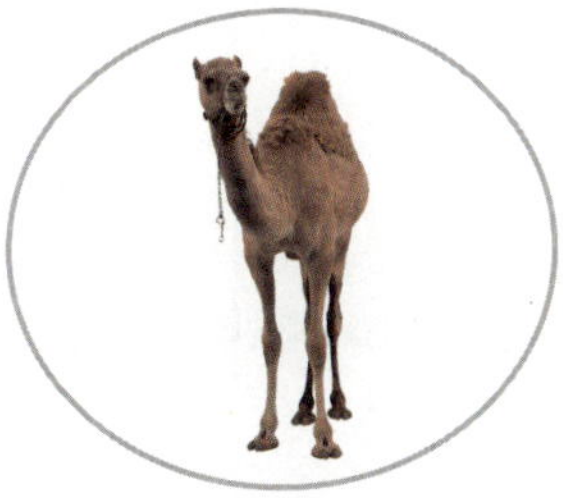

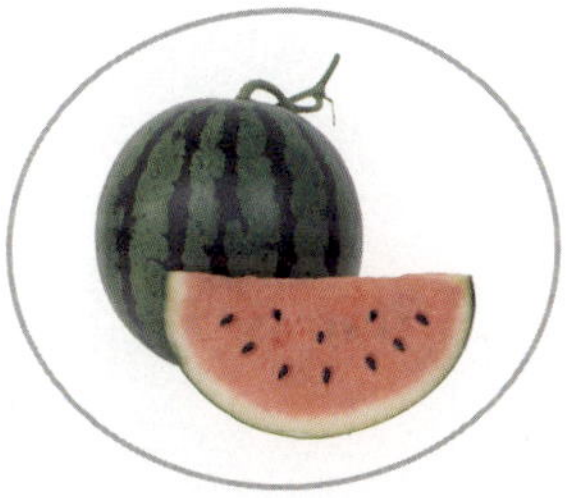

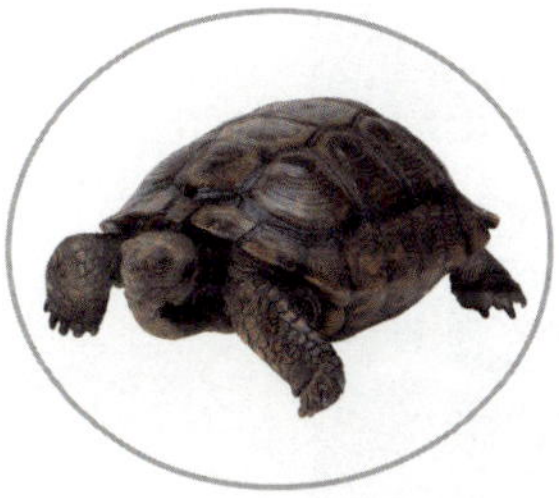

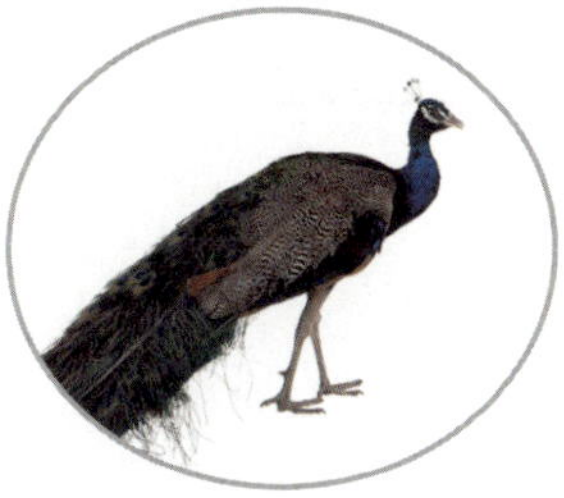

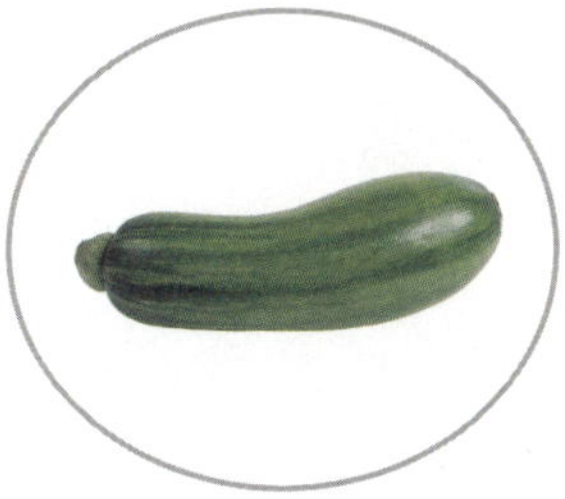

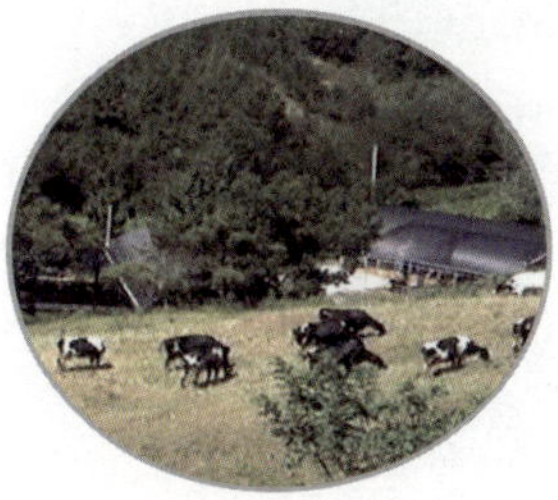

날짜: 월 일

## 'ㄴ' 받침 익히기

🎲 ㄴ받침 글자를 바르게 써 보세요.

| 간 | 간 | 간 | 간 | 간 | 간 | 간 |
|---|---|---|---|---|---|---|
| 난 | 난 | 난 | 난 | 난 | 난 | 난 |
| 단 | 단 | 단 | 단 | 단 | 단 | 단 |
| 란 | 란 | 란 | 란 | 란 | 란 | 란 |
| 만 | 만 | 만 | 만 | 만 | 만 | 만 |
| 반 | 반 | 반 | 반 | 반 | 반 | 반 |
| 산 | 산 | 산 | 산 | 산 | 산 | 산 |

 날짜: 월 일

## 'ㄴ' 받침 익히기

🎲 ㄴ받침 글자를 바르게 써 보세요.

| 안 | 안 | 안 | 안 | 안 | 안 | 안 |
| 잔 | 잔 | 잔 | 잔 | 잔 | 잔 | 잔 |
| 찬 | 찬 | 찬 | 찬 | 찬 | 찬 | 찬 |
| 칸 | 칸 | 칸 | 칸 | 칸 | 칸 | 칸 |
| 탄 | 탄 | 탄 | 탄 | 탄 | 탄 | 탄 |
| 판 | 판 | 판 | 판 | 판 | 판 | 판 |
| 한 | 한 | 한 | 한 | 한 | 한 | 한 |

5 단계 25

## 'ㄴ' 받침 낱말 익히기

날짜:   월   일

🎲 그림과 함께 낱말을 읽고, 바르게 써 보세요.

| 간 | 호 | 사 |
|---|---|---|
| 간 | 호 | 사 |
| 간 | 호 | 사 |
| 간 | 호 | 사 |
|   |   |   |
|   |   |   |

| 간 | 장 |
|---|---|
| 간 | 장 |
| 간 | 장 |
| 간 | 장 |
|   |   |
|   |   |

## 'ㄴ' 받침 낱말 익히기

날짜:   월   일

🎲 그림과 함께 낱말을 읽고, 바르게 써 보세요.

| 난 |
|---|

| 난 | 로 |
|---|---|

| 난 | 초 |
|---|---|

## 'ㄴ' 받침 낱말 익히기

그림과 함께 낱말을 읽고, 바르게 써 보세요.

날짜: 월 일

## 'ㄴ' 받침 낱말 익히기

🎲 그림과 함께 낱말을 읽고, 바르게 써 보세요.

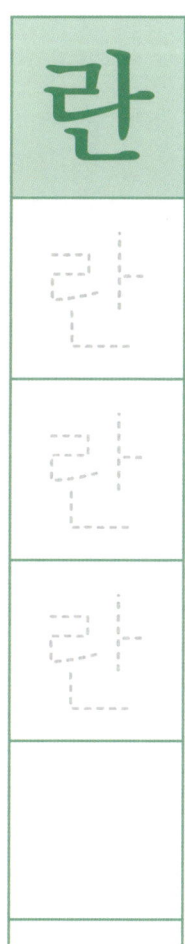

| 계 | 란 |
|---|---|
| 계 | 란 |
| 계 | 란 |
| 계 | 란 |
|  |  |
|  |  |

| 토 | 란 |
|---|---|
| 토 | 란 |
| 토 | 란 |
| 토 | 란 |
|  |  |
|  |  |

## 'ㄴ' 받침 낱말 익히기

🎲 그림과 함께 낱말을 읽고, 바르게 써 보세요.

| 만 | 국 | 기 |
|---|---|---|
| 만 | 국 | 기 |
| 만 | 국 | 기 |
| 만 | 국 | 기 |
|   |   |   |
|   |   |   |

| 물 | 만 | 두 |
|---|---|---|
| 물 | 만 | 두 |
| 물 | 만 | 두 |
| 물 | 만 | 두 |
|   |   |   |
|   |   |   |

날짜: 월 일

## 'ㄴ' 받침 낱말 익히기

🎲 그림과 함께 낱말을 읽고, 바르게 써 보세요.

| 반 | 찬 | 반 | 지 | 반 | 달 |
|---|---|---|---|---|---|
| 반 | 찬 | 반 | 지 | 반 | 달 |
| 반 | 찬 | 반 | 지 | 반 | 달 |
| 반 | 찬 | 반 | 지 | 반 | 달 |
|   |   |   |   |   |   |
|   |   |   |   |   |   |

## 'ㄴ' 받침 낱말 익히기

그림과 함께 낱말을 읽고, 바르게 써 보세요.

| 산 | 딸 | 기 |
|---|---|---|
| 산 | 딸 | 기 |
| 산 | 딸 | 기 |
| 산 | 딸 | 기 |
|   |   |   |
|   |   |   |

| 우 | 산 |
|---|---|
| 우 | 산 |
| 우 | 산 |
| 우 | 산 |
|   |   |
|   |   |

'ㄴ' 받침 낱말 익히기

날짜: 월 일

### 그림과 함께 낱말을 읽고, 바르게 써 보세요.

| 안 | 경 |
|---|---|
| 안 | 경 |
| 안 | 경 |
| 안 | 경 |
| | |
| | |

| 안 | 내 | 판 |
|---|---|---|
| 안 | 내 | 판 |
| 안 | 내 | 판 |
| 안 | 내 | 판 |
| | | |
| | | |

5단계 33

날짜: 　월　　일

## 'ㄴ' 받침 낱말 다지기

매우잘함　잘함　보통

● 안에 들어 있는 낱말을 찾아 줄로 이어 보세요.

 간 •

 난 •

 단 •

 란 •

 만 •

• 간 호 사

• 단 군

• 난 쟁 이

• 만 국 기

• 파 란

● 그림을 보고, □ 안에 낱말 스티커로 붙이세요.

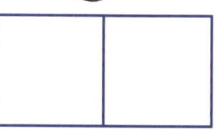

## 'ㄴ' 받침 낱말 익히기

날짜:   월   일

🎲 그림과 함께 낱말을 읽고, 바르게 써 보세요.

| 잔 | 치 | 잔 | 디 | 찻 | 잔 |
|---|---|---|---|---|---|
| 잔 | 치 | 잔 | 디 | 찻 | 잔 |
| 잔 | 치 | 잔 | 디 | 찻 | 잔 |
| 잔 | 치 | 잔 | 디 | 찻 | 잔 |
|   |   |   |   |   |   |
|   |   |   |   |   |   |

날짜: 월 일

## 'ㄴ' 받침 낱말 익히기

🎲 그림과 함께 낱말을 읽고, 바르게 써 보세요.

| 찬 | 송 | 가 |
|---|---|---|
| 찬 | 송 | 가 |
| 찬 | 송 | 가 |
| 찬 | 송 | 가 |
|   |   |   |
|   |   |   |

| 반 | 찬 |
|---|---|
| 반 | 찬 |
| 반 | 찬 |
| 반 | 찬 |
|   |   |
|   |   |

36 한글은 내친구

날짜: 월 일

'ㄴ' 받침 낱말 익히기

🎲 그림과 함께 낱말을 읽고, 바르게 써 보세요.

| 칸 | 나 |
|---|---|
| 칸 | 나 |
| 칸 | 나 |
| 칸 | 나 |
|  |  |
|  |  |

| 징 | 기 | 스 | 칸 |
|---|---|---|---|
| 징 | 기 | 스 | 칸 |
| 징 | 기 | 스 | 칸 |
| 징 | 기 | 스 | 칸 |
|  |  |  |  |
|  |  |  |  |

## 'ㄴ' 받침 낱말 익히기

날짜:    월    일

🎲 그림과 함께 낱말을 읽고, 바르게 써 보세요.

| 연 | 탄 |
|---|---|
| 연 | 탄 |
| 연 | 탄 |
| 연 | 탄 |
|   |   |
|   |   |

| 성 | 탄 | 절 |
|---|---|---|
| 성 | 탄 | 절 |
| 성 | 탄 | 절 |
| 성 | 탄 | 절 |
|   |   |   |
|   |   |   |

날짜 : 월 일

## 'ㄴ' 받침 낱말 익히기

매우잘함 잘함 보통

🎲 그림과 함께 낱말을 읽고, 바르게 써 보세요.

| 판 | 다 | 판 | 사 | 칠 | 판 |
|---|---|---|---|---|---|
| 판 | 다 | 판 | 사 | 칠 | 판 |
| 판 | 다 | 판 | 사 | 칠 | 판 |
| 판 | 다 | 판 | 사 | 칠 | 판 |
|   |   |   |   |   |   |
|   |   |   |   |   |   |

5 단계 39

날짜: 월 일

## 'ㄴ' 받침 낱말 익히기

🎲 그림과 함께 낱말을 읽고, 바르게 써 보세요.

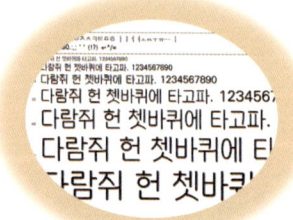 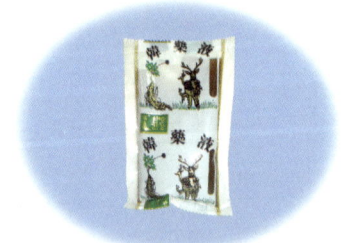 

| 한 | 글 |
|---|---|
| 한 | 글 |
| 한 | 글 |
| 한 | 글 |
| | |
| | |

| 한 | 약 |
|---|---|
| 한 | 약 |
| 한 | 약 |
| 한 | 약 |
| | |
| | |

| 한 | 복 |
|---|---|
| 한 | 복 |
| 한 | 복 |
| 한 | 복 |
| | |
| | |

날짜: 　월　　일

## 'ㄴ' 받침 낱말 다지기

🎲 그림의 이름을 찾아 선으로 이어 보세요.

| 판 | 사 |
| 안 | 경 |
| 우 | 산 |
| 계 | 란 |
| 연 | 탄 |
| 잔 | 디 |
| 단 | 풍 |
| 칠 | 판 |

5 단계 41

### 'ㄹ' 받침 익히기

날짜 :   월   일

🎲 ㄹ받침 글자를 바르게 써 보세요.

| 갈 | 갈 | 갈 | 갈 | 갈 | 갈 | 갈 |
| 날 | 날 | 날 | 날 | 날 | 날 | 날 |
| 달 | 달 | 달 | 달 | 달 | 달 | 달 |
| 랄 | 랄 | 랄 | 랄 | 랄 | 랄 | 랄 |
| 말 | 말 | 말 | 말 | 말 | 말 | 말 |
| 발 | 발 | 발 | 발 | 발 | 발 | 발 |
| 살 | 살 | 살 | 살 | 살 | 살 | 살 |

 날짜:　　월　　일

## 'ㄹ' 받침 익히기

🎲 ㄹ받침 글자를 바르게 써 보세요.

| 알 | 알 | 알 | 알 | 알 | 알 | 알 |
| 잘 | 잘 | 잘 | 잘 | 잘 | 잘 | 잘 |
| 찰 | 찰 | 찰 | 찰 | 찰 | 찰 | 찰 |
| 칼 | 칼 | 칼 | 칼 | 칼 | 칼 | 칼 |
| 탈 | 탈 | 탈 | 탈 | 탈 | 탈 | 탈 |
| 팔 | 팔 | 팔 | 팔 | 팔 | 팔 | 팔 |
| 할 | 할 | 할 | 할 | 할 | 할 | 할 |

## 'ㄹ' 받침 낱말 익히기

날짜:    월    일

매우잘함  잘함  보통

🎲 ㄹ받침 낱말을 바르게 써 보세요.

| 갈대 | 날씨 | 달님 |
|---|---|---|
| 발랄 | 말씀 | 발견 |

날짜:   월   일

## 'ㄹ' 받침 낱말 익히기

매우잘함  잘함  보통

🎲 ㄹ받침 낱말을 바르게 써 보세요.

| 살 구 | 새 알 | 잘 못 |
| 찰 떡 | 탈 출 | 할 인 |

날짜: 월 일

## 'ㅁ' 받침 익히기

🎲 ㅁ받침 글자를 바르게 써 보세요.

| 감 | 감 | 감 | 감 | 감 | 감 | 감 |
| 남 | 남 | 남 | 남 | 남 | 남 | 남 |
| 담 | 담 | 담 | 담 | 담 | 담 | 담 |
| 람 | 람 | 람 | 람 | 람 | 람 | 람 |
| 맘 | 맘 | 맘 | 맘 | 맘 | 맘 | 맘 |
| 밤 | 밤 | 밤 | 밤 | 밤 | 밤 | 밤 |
| 삼 | 삼 | 삼 | 삼 | 삼 | 삼 | 삼 |

날짜:     월     일

## 'ㅁ' 받침 익히기

🎲 ㅁ받침 글자를 바르게 써 보세요.

| 암 | 암 | 암 | 암 | 암 | 암 | 암 |
| 잠 | 잠 | 잠 | 잠 | 잠 | 잠 | 잠 |
| 참 | 참 | 참 | 참 | 참 | 참 | 참 |
| 캄 | 캄 | 캄 | 캄 | 캄 | 캄 | 캄 |
| 탐 | 탐 | 탐 | 탐 | 탐 | 탐 | 탐 |
| 팜 | 팜 | 팜 | 팜 | 팜 | 팜 | 팜 |
| 함 | 함 | 함 | 함 | 함 | 함 | 함 |

5 단계 47

# 'ㅁ' 받침 낱말 익히기

🎲 ㅁ받침 낱말을 바르게 써 보세요.

감 자

남 매

담 요

사 람

알 밤

인 삼

날짜:    월    일

'ㅁ' 받침 낱말 익히기

🎲 ㅁ받침 낱말을 바르게 써 보세요.

| 앞 | 산 |
|---|---|
| 잠 | 시 |
| 참 | 새 |
| 탐 | 정 |
| 함 | 박 | 눈 |

# 'ㅇ' 받침 익히기

날짜: 월 일

🎲 ㅇ받침 글자를 바르게 써 보세요.

| 강 | 강 | 강 | 강 | 강 | 강 | 강 |
| 낭 | 낭 | 낭 | 낭 | 낭 | 낭 | 낭 |
| 당 | 당 | 당 | 당 | 당 | 당 | 당 |
| 랑 | 랑 | 랑 | 랑 | 랑 | 랑 | 랑 |
| 망 | 망 | 망 | 망 | 망 | 망 | 망 |
| 방 | 방 | 방 | 방 | 방 | 방 | 방 |
| 상 | 상 | 상 | 상 | 상 | 상 | 상 |

## 'ㅇ' 받침 익히기

날짜: 월 일

🎲 ㅇ받침 글자를 바르게 써 보세요.

| 앙 | 앙 | 앙 | 앙 | 앙 | 앙 | 앙 |
| 장 | 장 | 장 | 장 | 장 | 장 | 장 |
| 창 | 창 | 창 | 창 | 창 | 창 | 창 |
| 캉 | 캉 | 캉 | 캉 | 캉 | 캉 | 캉 |
| 탕 | 탕 | 탕 | 탕 | 탕 | 탕 | 탕 |
| 팡 | 팡 | 팡 | 팡 | 팡 | 팡 | 팡 |
| 항 | 항 | 항 | 항 | 항 | 항 | 항 |

날짜 :   월   일

## 'ㅇ' 받침 낱말 익히기

🎲 그림과 함께 낱말을 읽고, 바르게 써 보세요.

| 강 | 아 | 지 |
|---|---|---|
| 강 | 아 | 지 |
| 강 | 아 | 지 |
| 강 | 아 | 지 |
|   |   |   |
|   |   |   |

| 강 | 냉 | 이 |
|---|---|---|
| 강 | 냉 | 이 |
| 강 | 냉 | 이 |
| 강 | 냉 | 이 |
|   |   |   |
|   |   |   |

날짜 :   월   일

## 'ㅇ' 받침 낱말 익히기

🎲 그림과 함께 낱말을 읽고, 바르게 써 보세요.

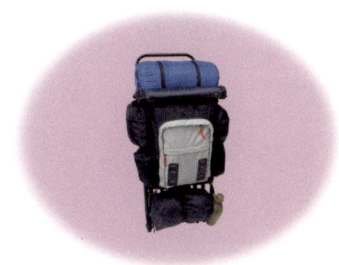

| 워 | 낭 | | 침 | 낭 | | 배 | 낭 |
|---|---|---|---|---|---|---|---|
| 워 | 낭 | | 침 | 낭 | | 배 | 낭 |
| 워 | 낭 | | 침 | 낭 | | 배 | 낭 |
| 워 | 낭 | | 침 | 낭 | | 배 | 낭 |
|   |   | |   |   | |   |   |
|   |   | |   |   | |   |   |

'ㅇ' 받침 낱말 익히기

그림과 함께 낱말을 읽고, 바르게 써 보세요.

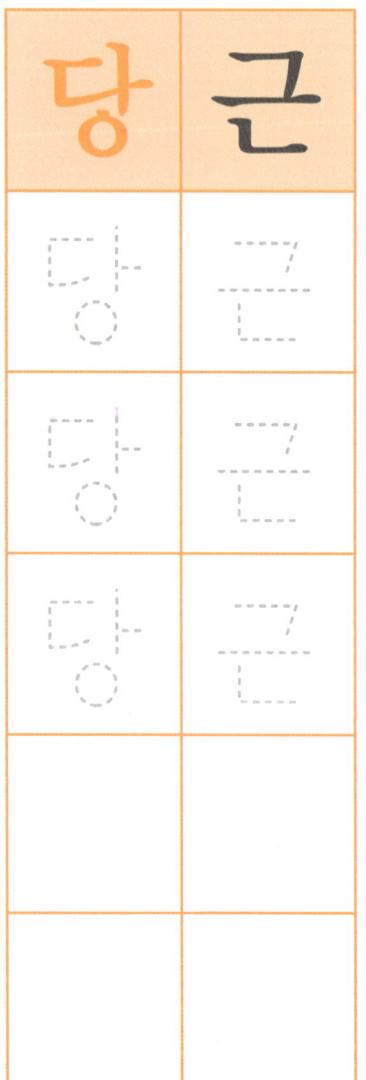

날짜 :   월   일

## 'ㅇ' 받침 낱말 익히기

매우잘함  잘함  보통

🎲 그림과 함께 낱말을 읽고, 바르게 써 보세요.

| 호 | 랑 | 이 |
|---|---|---|
| 호 | 랑 | 이 |
| 호 | 랑 | 이 |
| 호 | 랑 | 이 |
|  |  |  |
|  |  |  |

| 조 | 랑 | 말 |
|---|---|---|
| 조 | 랑 | 말 |
| 조 | 랑 | 말 |
| 조 | 랑 | 말 |
|  |  |  |
|  |  |  |

### 'ㅇ' 받침 낱말 익히기

날짜 :   월   일

🎲 그림과 함께 낱말을 읽고, 바르게 써 보세요.

| 망 | 아 | 지 |
|---|---|---|
| 망 | 아 | 지 |
| 망 | 아 | 지 |
| 망 | 아 | 지 |
|   |   |   |
|   |   |   |

| 망 | 원 | 경 |
|---|---|---|
| 망 | 원 | 경 |
| 망 | 원 | 경 |
| 망 | 원 | 경 |
|   |   |   |
|   |   |   |

날짜 :   월   일

## 'ㅇ' 받침 낱말 익히기

🎲 그림과 함께 낱말을 읽고, 바르게 써 보세요.

| 주 | 방 | 방 | 울 | 가 | 방 |
|---|---|---|---|---|---|
| 주 | 방 | 방 | 울 | 가 | 방 |
| 주 | 방 | 방 | 울 | 가 | 방 |
| 주 | 방 | 방 | 울 | 가 | 방 |
|   |   |   |   |   |   |
|   |   |   |   |   |   |

5 단계 57

날짜 :   월   일

## 'ㅇ' 받침 낱말 익히기

🎲 그림과 함께 낱말을 읽고, 바르게 써 보세요.

| 상 | 추 | 상 | 어 | 상 | 자 |
|---|---|---|---|---|---|
| 상 | 추 | 상 | 어 | 상 | 자 |
| 상 | 추 | 상 | 어 | 상 | 자 |
| 상 | 추 | 상 | 어 | 상 | 자 |
|   |   |   |   |   |   |
|   |   |   |   |   |   |

날짜 :   월   일

## 'ㅇ' 받침 낱말 익히기

매우잘함  잘함  보통

🎲 그림과 함께 낱말을 읽고, 바르게 써 보세요.

| 앙 | 고 | 라 |
|---|---|---|
| 앙 | 고 | 라 |
| 앙 | 고 | 라 |
| 앙 | 고 | 라 |
|   |   |   |
|   |   |   |

| 원 | 앙 | 새 |
|---|---|---|
| 원 | 앙 | 새 |
| 원 | 앙 | 새 |
| 원 | 앙 | 새 |
|   |   |   |
|   |   |   |

 날짜 : 월 일

## 'ㅇ' 받침 낱말 다지기

매우잘함 잘함 보통

🎲 빈 곳에 알맞은 낱자 스티커를 붙이고, 그림과 연결해 보세요.

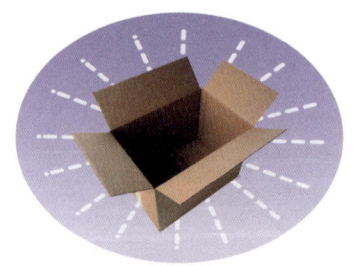   •   •

   •   •

   •   •

   •   •  호 　 이

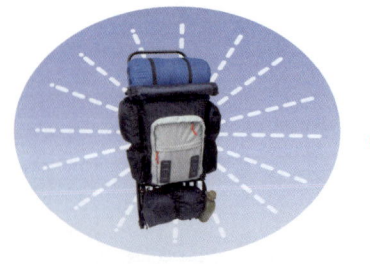   •   •  　 자

날짜 : 　　월　　일

## 'ㅇ' 받침 낱말 익히기

🎲 그림과 함께 낱말을 읽고, 바르게 써 보세요.

| 장 | 미 | 장 | 구 | 장 | 갑 |
|---|---|---|---|---|---|
| 장 | 미 | 장 | 구 | 장 | 갑 |
| 장 | 미 | 장 | 구 | 장 | 갑 |
| 장 | 미 | 장 | 구 | 장 | 갑 |
|   |   |   |   |   |   |
|   |   |   |   |   |   |

5 단계 61

날짜:     월     일

## 'ㅇ' 받침 낱말 익히기

매우잘함  잘함  보통

🎲 그림과 함께 낱말을 읽고, 바르게 써 보세요.

| 창 | 문 |
|---|---|
| 창 | 문 |
| 창 | 문 |
| 창 | 문 |
|   |   |
|   |   |

| 창 | 호 | 지 |
|---|---|---|
| 창 | 호 | 지 |
| 창 | 호 | 지 |
| 창 | 호 | 지 |
|   |   |   |
|   |   |   |

날짜:    월    일

## 'ㅇ' 받침 낱말 익히기

🎲 그림과 함께 낱말을 읽고, 바르게 써 보세요.

| 사 | 탕 |
|---|---|
| 사 | 탕 |
| 사 | 탕 |
| 사 | 탕 |
|   |   |
|   |   |

| 목 | 욕 | 탕 |
|---|---|---|
| 목 | 욕 | 탕 |
| 목 | 욕 | 탕 |
| 목 | 욕 | 탕 |
|   |   |   |
|   |   |   |

5 단계 63

날짜:    월    일

## 'ㅇ' 받침 낱말 익히기

🎲 그림과 함께 낱말을 읽고, 바르게 써 보세요.

| 항 | 아 | 리 |
|---|---|---|
| 항 | 아 | 리 |
| 항 | 아 | 리 |
| 항 | 아 | 리 |
|   |   |   |
|   |   |   |

| 어 | 항 |
|---|---|
| 어 | 항 |
| 어 | 항 |
| 어 | 항 |
|   |   |
|   |   |

## 'ㅇ' 받침 낱말 다지기

🎲 ● 안에 'ㅇ' 받침 낱자가 들어 있는 그림과 낱말을 찾아 줄로 이어 보세요.

🎲 빈 곳에 알맞은 낱자 스티커를 붙이고 그림과 연결해 보세요.

'ㅓ + ㄱ' 받침 익히기

🎲 ㄱ받침 글자를 바르게 써 보세요.

| 격 | 격 | 격 | 격 | 격 | 격 | 격 |
| 넉 | 넉 | 넉 | 넉 | 넉 | 넉 | 넉 |
| 덕 | 덕 | 덕 | 덕 | 덕 | 덕 | 덕 |
| 럭 | 럭 | 럭 | 럭 | 럭 | 럭 | 럭 |
| 먹 | 먹 | 먹 | 먹 | 먹 | 먹 | 먹 |
| 벅 | 벅 | 벅 | 벅 | 벅 | 벅 | 벅 |
| 석 | 석 | 석 | 석 | 석 | 석 | 석 |

날짜 :   월   일

## 'ㅓ + ㄱ' 받침 익히기

🎲 ㄱ받침 글자를 바르게 써 보세요.

| 억 | 억 | 억 | 억 | 억 | 억 | 억 |
| 적 | 적 | 적 | 적 | 적 | 적 | 적 |
| 척 | 척 | 척 | 척 | 척 | 척 | 척 |
| 컥 | 컥 | 컥 | 컥 | 컥 | 컥 | 컥 |
| 턱 | 턱 | 턱 | 턱 | 턱 | 턱 | 턱 |
| 퍽 | 퍽 | 퍽 | 퍽 | 퍽 | 퍽 | 퍽 |
| 헉 | 헉 | 헉 | 헉 | 헉 | 헉 | 헉 |

5 단계

## 'ㅓ + ㄱ' 받침 낱말 익히기

날짜: 월 일

🎲 ㄱ받침 낱말을 읽고 바르게 써 보세요.

| 걱 정 | 넉 살 | 덕 담 |
|---|---|---|

| 럭 비 | 떡 물 | 석 탄 |
|---|---|---|

날짜:　　　월　　　일

## 'ㅓ+ㄱ' 받침 낱말 익히기

ㄱ받침 낱말을 읽고 바르게 써 보세요.

| 석 유 | 억 압 | 적 중 |
|---|---|---|

| 척 추 | 덜 컥 | 질 퍽 |
|---|---|---|

## 'ㅓ + ㄴ' 받침 익히기

🎲 ㄴ받침 낱말을 읽고 바르게 써 보세요.

| 건 | 건 | 건 | 건 | 건 | 건 | 건 |
| 넌 | 넌 | 넌 | 넌 | 넌 | 넌 | 넌 |
| 던 | 던 | 던 | 던 | 던 | 던 | 던 |
| 런 | 런 | 런 | 런 | 런 | 런 | 런 |
| 먼 | 먼 | 먼 | 먼 | 먼 | 먼 | 먼 |
| 번 | 번 | 번 | 번 | 번 | 번 | 번 |
| 선 | 선 | 선 | 선 | 선 | 선 | 선 |

날짜: 월 일

## 'ㅓ + ㄴ' 받침 익히기

ㄴ받침 낱말을 읽고 바르게 써 보세요.

| 언 | 언 | 언 | 언 | 언 | 언 | 언 |
| 전 | 전 | 전 | 전 | 전 | 전 | 전 |
| 천 | 천 | 천 | 천 | 천 | 천 | 천 |
| 컨 | 컨 | 컨 | 컨 | 컨 | 컨 | 컨 |
| 턴 | 턴 | 턴 | 턴 | 턴 | 턴 | 턴 |
| 편 | 편 | 편 | 편 | 편 | 편 | 편 |
| 헌 | 헌 | 헌 | 헌 | 헌 | 헌 | 헌 |

날짜 :   월   일

## 'ㅓ + ㄴ' 받침 낱말 익히기

🎲 그림과 함께 낱말을 읽고, 바르게 써 보세요.

| 건 | 전 | 지 |
|---|---|---|
| 건 | 전 | 지 |
| 건 | 전 | 지 |
| 건 | 전 | 지 |
|   |   |   |
|   |   |   |

| 건 | 널 | 목 |
|---|---|---|
| 건 | 널 | 목 |
| 건 | 널 | 목 |
| 건 | 널 | 목 |
|   |   |   |
|   |   |   |

'ㅓ + ㄴ' 받침 낱말 익히기

날짜:    월    일

매우잘함  잘함  보통

🎲 그림과 함께 낱말을 읽고, 바르게 써 보세요.

| 던 | 지 | 기 |
|---|---|---|
| 던 | 지 | 기 |
| 던 | 지 | 기 |
| 던 | 지 | 기 |
|   |   |   |
|   |   |   |

| 런 | 던 |
|---|---|
| 런 | 던 |
| 런 | 던 |
| 런 | 던 |
|   |   |
|   |   |

5 단계 73

날짜 : 월 일

## 'ㅓ + ㄴ' 받침 낱말 익히기

그림과 함께 낱말을 읽고, 바르게 써 보세요.

| 먼 | 동 | 먼 | 지 | 먼 | 저 |
|---|---|---|---|---|---|
| 먼 | 동 | 먼 | 지 | 먼 | 저 |
| 먼 | 동 | 먼 | 지 | 먼 | 저 |
| 먼 | 동 | 먼 | 지 | 먼 | 저 |
|   |   |   |   |   |   |
|   |   |   |   |   |   |

## 'ㅓ+ㄴ' 받침 낱말 익히기

그림과 함께 낱말을 읽고, 바르게 써 보세요.

| 번 | 데 | 기 |
|---|---|---|
| 번 | 데 | 기 |
| 번 | 데 | 기 |
| 번 | 데 | 기 |
|   |   |   |
|   |   |   |

| 번 | 개 |
|---|---|
| 번 | 개 |
| 번 | 개 |
| 번 | 개 |
|   |   |
|   |   |

날짜:　　월　　일

## 'ㅓ+ㄴ' 받침 낱말 익히기

🎲 그림과 함께 낱말을 읽고, 바르게 써 보세요.

| 선 | 풍 | 기 |
|---|---|---|
| 선 | 풍 | 기 |
| 선 | 풍 | 기 |
| 선 | 풍 | 기 |
|  |  |  |
|  |  |  |

| 선 | 생 | 님 |
|---|---|---|
| 선 | 생 | 님 |
| 선 | 생 | 님 |
| 선 | 생 | 님 |
|  |  |  |
|  |  |  |

날짜 :    월    일

## 'ㅓ + ㄴ' 받침 낱말 익히기

🎲 그림과 함께 낱말을 읽고, 바르게 써 보세요.

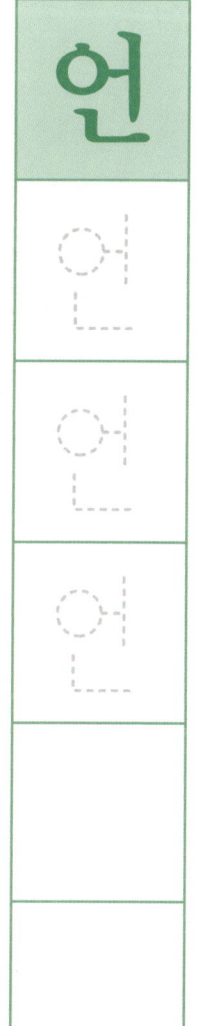   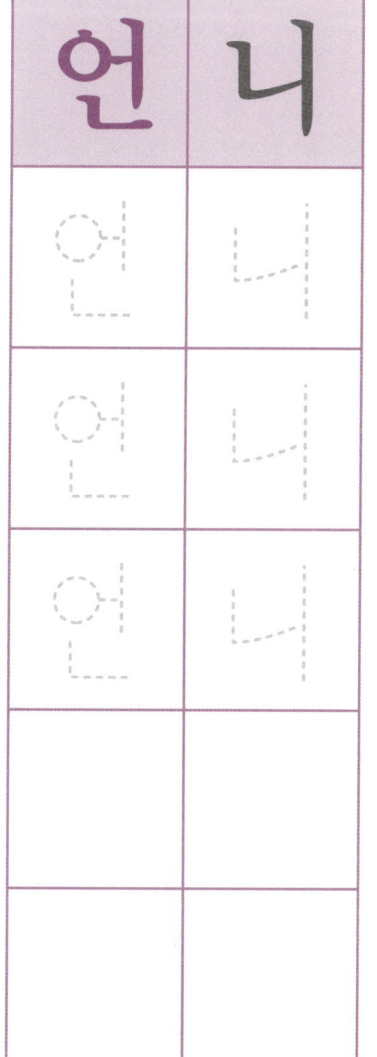

| 언 | 덕 |
|---|---|
| 언 | 덕 |
| 언 | 덕 |
| 언 | 덕 |
|   |   |
|   |   |

5 단계 77

날짜:    월    일

## 'ㅓ + ㄴ' 받침 낱말 익히기

그림과 함께 낱말을 읽고, 바르게 써 보세요.

| 전 | 화 | 기 |
|---|---|---|
| 전 | 화 | 기 |
| 전 | 화 | 기 |
| 전 | 화 | 기 |
|   |   |   |
|   |   |   |

| 자 | 전 | 거 |
|---|---|---|
| 자 | 전 | 거 |
| 자 | 전 | 거 |
| 자 | 전 | 거 |
|   |   |   |
|   |   |   |

날짜:     월     일

## 'ㅓ + ㄴ' 받침 낱말 익히기

그림과 함께 낱말을 읽고, 바르게 써 보세요.

| 천 | 사 |
|---|---|
| 천 | 사 |
| 천 | 사 |
| 천 | 사 |
|   |   |
|   |   |

| 천 | 막 |
|---|---|
| 천 | 막 |
| 천 | 막 |
| 천 | 막 |
|   |   |
|   |   |

| 온 | 천 |
|---|---|
| 온 | 천 |
| 온 | 천 |
| 온 | 천 |
|   |   |
|   |   |

날짜 :   월   일

## 'ㅓ + ㄴ' 받침 낱말 익히기

🎲 그림과 함께 낱말을 읽고, 바르게 써 보세요.

| 에 | 어 | 컨 |
|---|---|---|
| 에 | 어 | 컨 |
| 에 | 어 | 컨 |
| 에 | 어 | 컨 |
|   |   |   |
|   |   |   |

| 베 | 이 | 컨 |
|---|---|---|
| 베 | 이 | 컨 |
| 베 | 이 | 컨 |
| 베 | 이 | 컨 |
|   |   |   |
|   |   |   |

날짜: 월 일

## 'ㅓ + ㄴ' 받침 낱말 익히기

그림과 함께 낱말을 읽고, 바르게 써 보세요.

| 헌 | 헌 | 옷 | 헌 | 혈 |

날짜 : 월 일

# 'ㅓ+ㄴ' 받침 낱말 다지기

매우잘함 잘함 보통

그림을 보고, 알맞은 낱말을 찾아 줄로 이어 보세요.

| 건 | 전 | 지 |
|---|---|---|

| 수 | 건 |
|---|---|

| 자 | 전 | 거 |
|---|---|---|

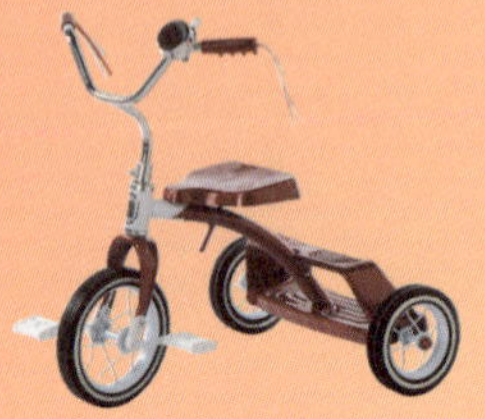

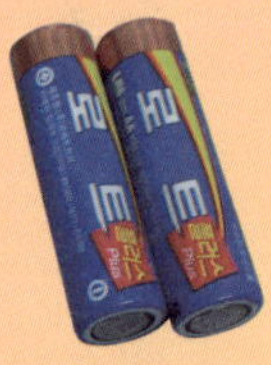

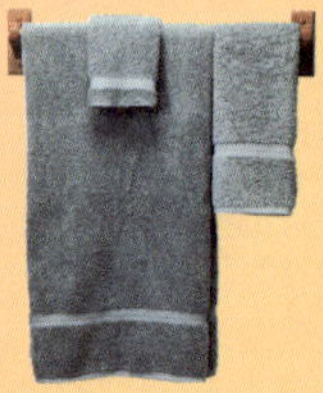

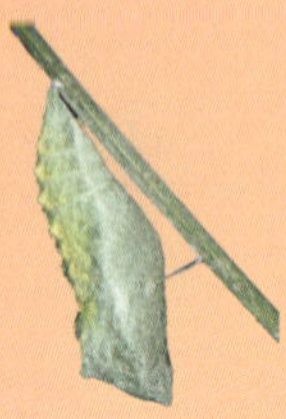

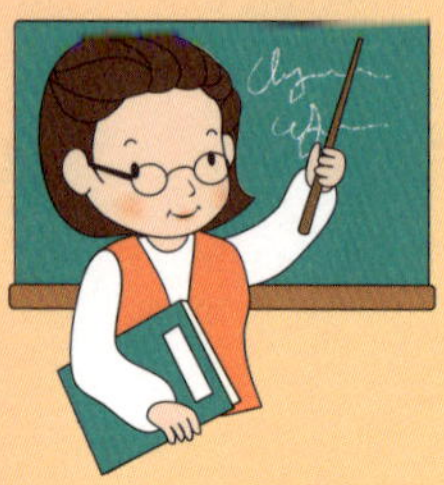

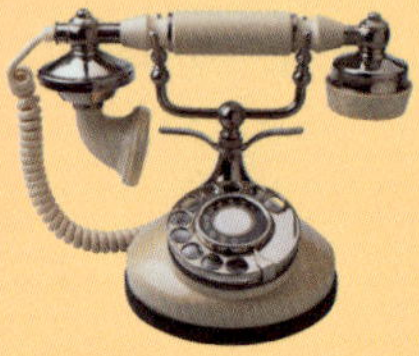

| 선 | 생 | 님 |
|---|---|---|

| 번 | 데 | 기 |
|---|---|---|

| 전 | 화 | 기 |
|---|---|---|

 날짜 :   월   일

## 'ㅓ + ㄴ' 받침 낱말 다지기

○ 안에 있는 글자를 읽고, □ 안에 써서 문장을 완성해 보세요.

**전** : 경호는 | 자 |   | 거 | 를 잘 탑니다.

**먼** : 운동장에 |   | 지 | 가 많습니다.

**전** : |   | 화 | 기 | 는 하얀색 입니다.

**선** : 우리 |   | 생 | 님 | 은 좋으십니다.

그림을 보고, 낱말이 되도록 퍼즐을 이어 보세요.

날짜: 월 일

### 'ㅗ + ㄱ' 받침 익히기

🎲 ㄱ받침 글자를 바르게 써 보세요.

| 곡 | 곡 | 곡 | 곡 | 곡 | 곡 | 곡 |
| 녹 | 녹 | 녹 | 녹 | 녹 | 녹 | 녹 |
| 독 | 독 | 독 | 독 | 독 | 독 | 독 |
| 록 | 록 | 록 | 록 | 록 | 록 | 록 |
| 목 | 목 | 목 | 목 | 목 | 목 | 목 |
| 복 | 복 | 복 | 복 | 복 | 복 | 복 |
| 속 | 속 | 속 | 속 | 속 | 속 | 속 |

날짜:    월    일

## 'ㅗ+ㄱ' 받침 익히기

🎲 ㄱ받침 글자를 바르게 써 보세요.

| 옥 | 옥 | 옥 | 옥 | 옥 | 옥 | 옥 |
| 족 | 족 | 족 | 족 | 족 | 족 | 족 |
| 촉 | 촉 | 촉 | 촉 | 촉 | 촉 | 촉 |
| 콕 | 콕 | 콕 | 콕 | 콕 | 콕 | 콕 |
| 톡 | 톡 | 톡 | 톡 | 톡 | 톡 | 톡 |
| 폭 | 폭 | 폭 | 폭 | 폭 | 폭 | 폭 |
| 혹 | 혹 | 혹 | 혹 | 혹 | 혹 | 혹 |

5단계 85

날짜: 월 일

## 'ㅗ + ㄱ' 받침 낱말 익히기

매우잘함 잘함 보통

🎲 그림과 함께 낱말을 읽고, 바르게 써 보세요.

 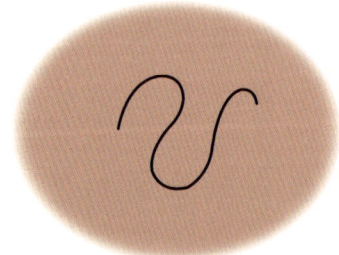 

| 곡 | 식 | 곡 | 선 | 곡 | 예 |
|---|---|---|---|---|---|
| 곡 | 식 | 곡 | 선 | 곡 | 예 |
| 곡 | 식 | 곡 | 선 | 곡 | 예 |
| 곡 | 식 | 곡 | 선 | 곡 | 예 |
|   |   |   |   |   |   |
|   |   |   |   |   |   |

## 'ㅗ + ㄱ' 받침 낱말 익히기

그림과 함께 낱말을 읽고, 바르게 써 보세요.

| 녹 | 음 | 기 |
|---|---|---|
| 녹 | 음 | 기 |
| 녹 | 음 | 기 |
| 녹 | 음 | 기 |
|   |   |   |
|   |   |   |

| 녹 | 십 | 자 |
|---|---|---|
| 녹 | 십 | 자 |
| 녹 | 십 | 자 |
| 녹 | 십 | 자 |
|   |   |   |
|   |   |   |

날짜:   월   일

## 'ㅗ+ㄱ' 받침 낱말 익히기

🎲 그림과 함께 낱말을 읽고, 바르게 써 보세요.

| 독 | 수 | 리 |
|---|---|---|
| 독 | 수 | 리 |
| 독 | 수 | 리 |
| 독 | 수 | 리 |
|   |   |   |
|   |   |   |

| 독 | 서 |
|---|---|
| 독 | 서 |
| 독 | 서 |
| 독 | 서 |
|   |   |
|   |   |

날짜: 월 일

## 'ㅗ+ㄱ' 받침 낱말 익히기

🎲 그림과 함께 낱말을 읽고, 바르게 써 보세요.

| 목 | 장 | 목 | 탁 | 목 | 련 |
|---|---|---|---|---|---|
| 목 | 장 | 목 | 탁 | 목 | 련 |
| 목 | 장 | 목 | 탁 | 목 | 련 |
| 목 | 장 | 목 | 탁 | 목 | 련 |
| | | | | | |
| | | | | | |

## 'ㅗ+ㄱ' 받침 낱말 익히기

날짜: 월 일

🎲 그림과 함께 낱말을 읽고, 바르게 써 보세요.

| 복 | 숭 | 아 |
|---|---|---|
| 복 | 숭 | 아 |
| 복 | 숭 | 아 |
| 복 | 숭 | 아 |
|   |   |   |
|   |   |   |

| 복 | 사 | 기 |
|---|---|---|
| 복 | 사 | 기 |
| 복 | 사 | 기 |
| 복 | 사 | 기 |
|   |   |   |
|   |   |   |

## 'ㅗ+ㄱ' 받침 낱말 익히기

날짜: 월 일

🎲 그림과 함께 낱말을 읽고, 바르게 써 보세요.

| 고 | 속 | 도 | 로 |
|---|---|---|---|
| 고 | 속 | 도 | 로 |
| 고 | 속 | 도 | 로 |
| 고 | 속 | 도 | 로 |
|  |  |  |  |
|  |  |  |  |

| 약 | 속 |
|---|---|
| 약 | 속 |
| 약 | 속 |
| 약 | 속 |
|  |  |
|  |  |

5단계 91

날짜:    월    일

## 'ㅗ+ㄱ' 받침 낱말 익히기

🎲 그림과 함께 낱말을 읽고, 바르게 써 보세요.

| 옥 | 수 | 수 |
|---|---|---|
| 옥 | 수 | 수 |
| 옥 | 수 | 수 |
| 옥 | 수 | 수 |
|   |   |   |
|   |   |   |

| 옥 | 구 | 슬 |
|---|---|---|
| 옥 | 구 | 슬 |
| 옥 | 구 | 슬 |
| 옥 | 구 | 슬 |
|   |   |   |
|   |   |   |

## 'ㅗ + ㄱ' 받침 낱말 익히기

날짜:   월   일

매우잘함  잘함  보통

🎲 그림과 함께 낱말을 읽고, 바르게 써 보세요.

| 족 | 제 | 비 |
|---|---|---|
| 족 | 제 | 비 |
| 족 | 제 | 비 |
| 족 | 제 | 비 |
|   |   |   |
|   |   |   |

| 가 | 족 |
|---|---|
| 가 | 족 |
| 가 | 족 |
| 가 | 족 |
|   |   |
|   |   |

날짜 :    월    일

## 'ㅗ+ㄱ' 받침 낱말 익히기

그림과 함께 낱말을 읽고, 바르게 써 보세요.

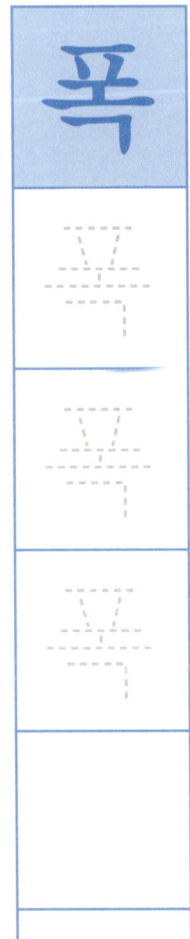

| 폭 | 포 |
|---|---|
|   |   |
|   |   |
|   |   |
|   |   |
|   |   |

| 폭 | 탄 |
|---|---|
|   |   |
|   |   |
|   |   |
|   |   |
|   |   |

## 'ㅗ + ㄱ' 받침 낱말 익히기

날짜:   월   일

🎲 그림과 함께 낱말을 읽고, 바르게 써 보세요.

| 혹 | 부 | 리 |
|---|---|---|
| 혹 | 부 | 리 |
| 혹 | 부 | 리 |
| 혹 | 부 | 리 |
|   |   |   |
|   |   |   |

| 혹 | 성 |
|---|---|
| 혹 | 성 |
| 혹 | 성 |
| 혹 | 성 |
|   |   |
|   |   |

재미있게 풀어요

날짜: 월 일

매우잘함 잘함 보통

🎲 □ 안에 그림 스티커를 붙이고, 첫 글자가 같은 낱말끼리 이어 보세요.

공룡 · · 옹달샘

옹기 · · 공책

🎲 알라딘이 보물을 찾으러가요. 낱말에 ㅂ, ㅅ, ㅇ 받침 낱말이 들어 있는 곳에 ○ 히고, 길을 따라가 보세요.

96 한글은 내친구

## 5단계 스티커

**16쪽**

| 막 | 박 | 삭 |
| 각 | 악 | 낙 |

**60쪽**

| 강 | 상 | 당 |
| 랑 | 낭 |

**23쪽**

공작  호박  수박
거북  목장  낙타
도시락  각도기

**65쪽**

당
장
당

**34쪽**

난로  계란
반달  우산
간호사
단풍잎

**68쪽**

유아 생각의 창을 넓혀 주는 길라잡이

### 단계별 수준 학습 시스템

**유**아의 발달 수준에 맞추어 4세, 5세, 6세, 7세의 4단계 학습으로 구성하였습니다.

**④ ⑤**
언어·인지(A)-10권
수리·탐구(B)-10권
칠교(C)-2권
표현·창작(D)-2권
영역별 누리과정(E)-2권

**⑥ ⑦**
언어·인지(A)-10권
수리·탐구(B)-10권
한자(C)-2권
창의·영재(D)-2권
영역별 누리과정(E)-2권

- 누리과정의 낱말 학습과 언어 인지, 읽기, 쓰기, 말하기의 영역으로 구성
- 수리 개념의 기초인 분류, 비교, 공간 지각, 수 세기 등 수리적 인지력 학습
- 사회관계 영역을 포함한 영역별 누리과정으로 구성
- 놀이를 통한 칠교 학습, 창의력 표현 활동의 브레인, 한자로 구성

 ## 익힘장의 특징

**익힘장**은 〈한글은 내친구〉를 배우고 낱말과 단어를 반복해서
익힐수 있도록 엮은 '책 속의 책'입니다.
그림과 함께 낱말을 익히는 복습을 통해 완전히 내 것이 되는 한글.
어린이 혼자서도 재미있게 학습할 수 있습니다.

# 익힘장

한글은 내친구 ❺

 차례

| | |
|---|---|
| 하는 일이 달라요 | 2 |
| 'ㄱ' 받침 낱말 쓰기 | 4 |
| 'ㄴ' 받침 낱말 쓰기 | 8 |
| 'ㄹ' 받침 낱말 쓰기 | 12 |
| 'ㅁ' 받침 낱말 쓰기 | 14 |
| 'ㅇ' 받침 낱말 쓰기 | 16 |
| 'ㅓ+ㄱ' 받침 낱말 쓰기 | 20 |
| 'ㅓ+ㄴ' 받침 낱말 쓰기 | 22 |
| 'ㅗ+ㄱ' 받침 낱말 쓰기 | 26 |

## 하는 일이 달라요

날짜 :    월    일

매우잘함 | 잘함 | 보통

🎲 자동차는 사람이 태우는 일 말고도 여러 가지 일을 해요. 어떤 일을 하는 자동차인지 알맞게 줄로 이어 보세요.

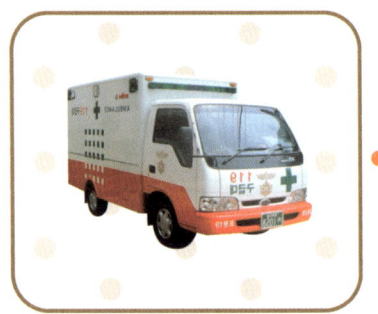

## 하는 일이 달라요

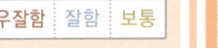

🎲 바다와 하늘, 배와 비행기는 어떤 것이고, 어떤 일을 하는지 그림을 보며 이야기 해 보세요.

여객선 : 사람들을 태워 주는 일을 해요.

화물선 : 짐을 옮기는 일을 해요.

어선 : 고기를 잡는 일을 해요.

전투기 : 나라를 지키는 일을 해요.

화물기 : 짐을 옮기는 일을 해요.

여객기 : 사람을 태워 주는 일을 해요.

## 'ㄱ' 받침 낱말 쓰기

매우잘함 | 잘함 | 보통

🎲 그림과 함께 낱말을 읽고, 바르게 써 보세요.

| 지 | 각 | 낙 | 타 | 바 | 닥 |

## 'ㄱ' 받침 낱말 쓰기

그림과 함께 낱말을 읽고, 바르게 써 보세요.

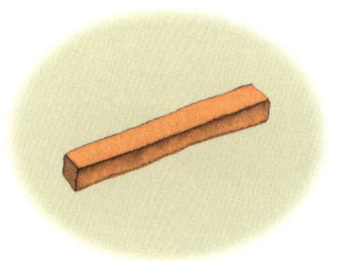

| 도 | 시 | 락 |
|---|---|---|
| 도 | 시 | 락 |
| 도 | 시 | 락 |
| 도 | 시 | 락 |
|   |   |   |
|   |   |   |

| 막 | 대 | 기 |
|---|---|---|
| 막 | 대 | 기 |
| 막 | 대 | 기 |
| 막 | 대 | 기 |
|   |   |   |

# 'ㄱ' 받침 낱말 쓰기

날짜:    월    일

매우잘함 | 잘함 | 보통

🎲 그림과 함께 낱말을 읽고, 바르게 써 보세요.

| 호 | 박 |
|---|---|
| 호 | 박 |
| 호 | 박 |
| 호 | 박 |
|   |   |
|   |   |

| 이 | 삭 |
|---|---|
| 이 | 삭 |
| 이 | 삭 |
| 이 | 삭 |
|   |   |
|   |   |

| 악 | 보 |
|---|---|
| 악 | 보 |
| 악 | 보 |
| 악 | 보 |
|   |   |
|   |   |

날짜:   월   일

## 'ㄱ' 받침 낱말 쓰기

매우잘함 | 잘함 | 보통

🎲 그림과 함께 낱말을 읽고, 바르게 써 보세요.

| 작 | 가 | 도 | 착 | 학 | 생 |
|---|---|---|---|---|---|
| 작 | 가 | 도 | 착 | 학 | 생 |
| 작 | 가 | 도 | 착 | 학 | 생 |
| 작 | 가 | 도 | 착 | 학 | 생 |
|   |   |   |   |   |   |
|   |   |   |   |   |   |

5 단계 7

## 'ㄴ' 받침 낱말 쓰기

날짜 :   월   일

매우잘함 | 잘함 | 보통

🎲 그림과 함께 낱말을 읽고, 바르게 써 보세요.

| 간 | 장 | 난 | 초 | 단 | 추 |
|---|---|---|---|---|---|
| 간 | 장 | 난 | 초 | 단 | 추 |
| 간 | 장 | 난 | 초 | 단 | 추 |
| 간 | 장 | 난 | 초 | 단 | 추 |
|   |   |   |   |   |   |
|   |   |   |   |   |   |

날짜 :    월    일

## 'ㄴ' 받침 낱말 쓰기

매우잘함 | 잘함 | 보통

🎲 그림과 함께 낱말을 읽고, 바르게 써 보세요.

| 계 | 란 | 만 | 두 | 반 | 지 |
|---|---|---|---|---|---|
| 계 | 란 | 만 | 두 | 반 | 지 |
| 계 | 란 | 만 | 두 | 반 | 지 |
| 계 | 란 | 만 | 두 | 반 | 지 |
|   |   |   |   |   |   |
|   |   |   |   |   |   |

5 단계 9

## 'ㄴ' 받침 낱말 쓰기

그림과 함께 낱말을 읽고, 바르게 써 보세요.

| 우 | 산 |
|---|---|
| 우 | 산 |
| 우 | 산 |
| 우 | 산 |
|   |   |
|   |   |

| 안 | 경 |
|---|---|
| 안 | 경 |
| 안 | 경 |
| 안 | 경 |
|   |   |
|   |   |

| 잔 | 디 |
|---|---|
| 잔 | 디 |
| 잔 | 디 |
| 잔 | 디 |
|   |   |
|   |   |

## 'ㄴ' 받침 낱말 쓰기

그림과 함께 낱말을 읽고, 바르게 써 보세요.

| 반 | 찬 | 연 | 탄 | 한 | 복 |
|---|---|---|---|---|---|
| 반 | 찬 | 연 | 탄 | 한 | 복 |
| 반 | 찬 | 연 | 탄 | 한 | 복 |
| 반 | 찬 | 연 | 탄 | 한 | 복 |
|   |   |   |   |   |   |
|   |   |   |   |   |   |

## 'ㄹ' 받침 낱말 쓰기

🎲 ㄹ받침 낱말을 바르게 써 보세요.

| 갈 | 대 |
|---|---|
| 갈 | 대 |
| 갈 | 대 |
|  |  |

| 날 | 씨 |
|---|---|
| 날 | 씨 |
| 날 | 씨 |
|  |  |

| 달 | 님 |
|---|---|
| 달 | 님 |
| 달 | 님 |
|  |  |

| 발 | 랄 |
|---|---|
| 발 | 랄 |
| 발 | 랄 |
|  |  |

| 말 | 씀 |
|---|---|
| 말 | 씀 |
| 말 | 씀 |
|  |  |

| 발 | 견 |
|---|---|
| 발 | 견 |
| 발 | 견 |
|  |  |

# 'ㄹ' 받침 낱말 쓰기

🎲 ㄹ받침 낱말을 바르게 써 보세요.

| 살 | 구 |
|---|---|
| 살 | 구 |
| 살 | 구 |
|   |   |

| 새 | 알 |
|---|---|
| 새 | 알 |
| 새 | 알 |
|   |   |

| 잘 | 못 |
|---|---|
| 잘 | 못 |
| 잘 | 못 |
|   |   |

| 찰 | 떡 |
|---|---|
| 찰 | 떡 |
| 찰 | 떡 |
|   |   |

| 탈 | 출 |
|---|---|
| 탈 | 출 |
| 탈 | 출 |
|   |   |

| 할 | 인 |
|---|---|
| 할 | 인 |
| 할 | 인 |
|   |   |

# 'ㅁ' 받침 낱말 쓰기

날짜: 월 일

매우잘함 잘함 보통

🎲 ㅁ받침 낱말을 바르게 써 보세요.

| 감 | 자 |
|---|---|
| 감 | 자 |
| 감 | 자 |
|   |   |

| 남 | 매 |
|---|---|
| 남 | 매 |
| 남 | 매 |
|   |   |

| 담 | 요 |
|---|---|
| 담 | 요 |
| 담 | 요 |
|   |   |

| 사 | 람 |
|---|---|
| 사 | 람 |
| 사 | 람 |
|   |   |

| 알 | 밤 |
|---|---|
| 알 | 밤 |
| 알 | 밤 |
|   |   |

| 인 | 삼 |
|---|---|
| 인 | 삼 |
| 인 | 삼 |
|   |   |

# 'ㅁ' 받침 낱말 쓰기

ㅁ받침 낱말을 바르게 써 보세요.

| 암 | 산 |
|---|---|
| 암 | 산 |
| 암 | 산 |
|   |   |

| 잠 | 옷 |
|---|---|
| 잠 | 옷 |
| 잠 | 옷 |
|   |   |

| 참 | 새 |
|---|---|
| 참 | 새 |
| 참 | 새 |
|   |   |

| 탐 | 정 |
|---|---|
| 탐 | 정 |
| 탐 | 정 |
|   |   |

| 함 | 박 | 눈 |
|---|---|---|
| 함 | 박 | 눈 |
| 함 | 박 | 눈 |
|   |   |   |

## 'ㅇ' 받침 낱말 쓰기

 그림과 함께 낱말을 읽고, 바르게 써 보세요.

| 강 | 냉 | 이 |
|---|---|---|
| 강 | 냉 | 이 |
| 강 | 냉 | 이 |
| 강 | 냉 | 이 |
|   |   |   |
|   |   |   |

| 당 | 나 | 귀 |
|---|---|---|
| 당 | 나 | 귀 |
| 당 | 나 | 귀 |
| 당 | 나 | 귀 |
|   |   |   |
|   |   |   |

## 'ㅇ' 받침 낱말 쓰기

그림과 함께 낱말을 읽고, 바르게 써 보세요.

| 벼 | 랑 | 망 | 치 | 가 | 방 |
|---|---|---|---|---|---|
| 벼 | 랑 | 망 | 치 | 가 | 방 |
| 벼 | 랑 | 망 | 치 | 가 | 방 |
| 벼 | 랑 | 망 | 치 | 가 | 방 |
|   |   |   |   |   |   |
|   |   |   |   |   |   |

## 'ㅇ' 받침 낱말 쓰기

그림과 함께 낱말을 읽고, 바르게 써 보세요.

| 상 | 자 | 장 | 미 | 창 | 문 |
|---|---|---|---|---|---|
| 상 | 자 | 장 | 미 | 창 | 문 |
| 상 | 자 | 장 | 미 | 창 | 문 |
| 상 | 자 | 장 | 미 | 창 | 문 |
|   |   |   |   |   |   |
|   |   |   |   |   |   |

## 'ㅇ' 받침 낱말 쓰기

날짜:    월    일

매우잘함 | 잘함 | 보통

🎲 그림과 함께 낱말을 읽고, 바르게 써 보세요.

| 목 | 욕 | 탕 |
|---|---|---|
| 목 | 욕 | 탕 |
| 목 | 욕 | 탕 |
| 목 | 욕 | 탕 |
|   |   |   |
|   |   |   |

| 항 | 아 | 리 |
|---|---|---|
| 항 | 아 | 리 |
| 항 | 아 | 리 |
| 항 | 아 | 리 |
|   |   |   |
|   |   |   |

## 'ㅓ+ㄱ' 받침 낱말 쓰기

🎲 ㄱ받침 낱말을 읽고 바르게 써 보세요.

| 걱 | 정 |
|---|---|
| 걱 | 정 |
| 걱 | 정 |
|   |   |

| 넉 | 살 |
|---|---|
| 넉 | 살 |
| 넉 | 살 |
|   |   |

| 덕 | 담 |
|---|---|
| 덕 | 담 |
| 덕 | 담 |
|   |   |

| 럭 | 비 |
|---|---|
| 럭 | 비 |
| 럭 | 비 |
|   |   |

| 먹 | 물 |
|---|---|
| 먹 | 물 |
| 먹 | 물 |
|   |   |

| 석 | 탄 |
|---|---|
| 석 | 탄 |
| 석 | 탄 |
|   |   |

## 'ㅓ+ㄱ' 받침 낱말 쓰기

🎲 ㄱ받침 낱말을 읽고 바르게 써 보세요.

| 석 | 유 |
| --- | --- |

| 억 | 압 |
| --- | --- |

| 기 | 적 |
| --- | --- |

| 척 | 추 |
| --- | --- |

| 덜 | 컥 |
| --- | --- |

| 질 | 퍽 |
| --- | --- |

## 'ㅓ+ㄴ' 받침 낱말 쓰기

🎲 그림과 함께 낱말을 읽고, 바르게 써 보세요.

| 건 | 전 | 지 |
|---|---|---|
| 건 | 전 | 지 |
| 건 | 전 | 지 |
| 건 | 전 | 지 |
|   |   |   |
|   |   |   |

| 던 | 지 | 기 |
|---|---|---|
| 던 | 지 | 기 |
| 던 | 지 | 기 |
| 던 | 지 | 기 |
|   |   |   |
|   |   |   |

## 'ㅓ+ㄴ' 받침 낱말 쓰기

그림과 함께 낱말을 읽고, 바르게 써 보세요.

| 먼 | 지 | 번 | 개 | 언 | 니 |
|---|---|---|---|---|---|
| 먼 | 지 | 번 | 개 | 언 | 니 |
| 먼 | 지 | 번 | 개 | 언 | 니 |
| 먼 | 지 | 번 | 개 | 언 | 니 |
|   |   |   |   |   |   |
|   |   |   |   |   |   |

## 'ㅓ+ㄴ' 받침 낱말 쓰기

그림과 함께 낱말을 읽고, 바르게 써 보세요.

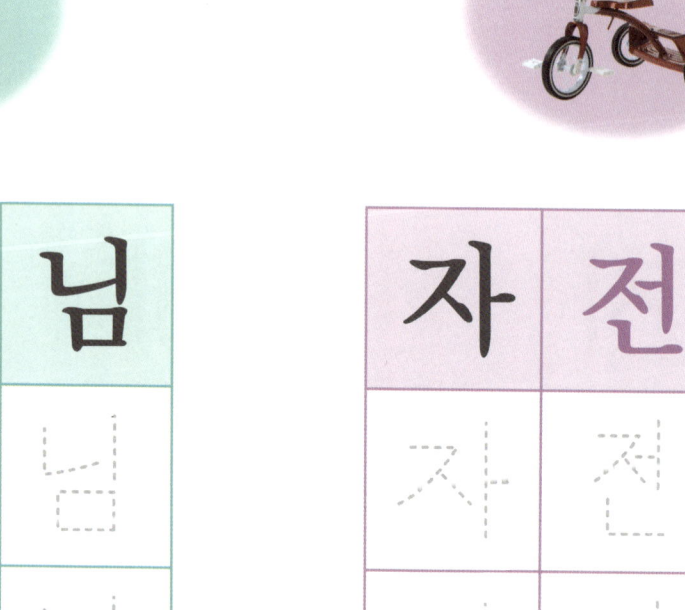

| 선 | 생 | 님 |
|---|---|---|
| 선 | 생 | 님 |
| 선 | 생 | 님 |
| 선 | 생 | 님 |
|   |   |   |
|   |   |   |

| 자 | 전 | 거 |
|---|---|---|
| 자 | 전 | 거 |
| 자 | 전 | 거 |
| 자 | 전 | 거 |
|   |   |   |
|   |   |   |

## 'ㅓ+ㄴ' 받침 낱말 쓰기

그림과 함께 낱말을 읽고, 바르게 써 보세요.

| 천 | 사 |
|---|---|
| 천 | 사 |
| 천 | 사 |
| 천 | 사 |
|   |   |
|   |   |

| 링 | 컨 |
|---|---|
| 링 | 컨 |
| 링 | 컨 |
| 링 | 컨 |
|   |   |
|   |   |

| 헌 | 병 |
|---|---|
| 헌 | 병 |
| 헌 | 병 |
| 헌 | 병 |
|   |   |
|   |   |

## 'ㅗ+ㄱ' 받침 낱말 쓰기

그림과 함께 낱말을 읽고, 바르게 써 보세요.

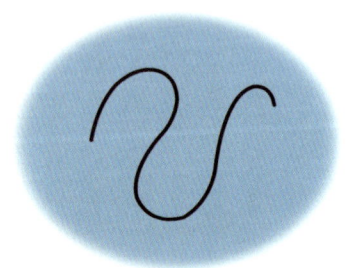

| 곡 | 선 |
|---|---|
| 곡 | 선 |
| 곡 | 선 |
| 곡 | 선 |
|   |   |
|   |   |

| 녹 | 음 | 기 |
|---|---|---|
| 녹 | 음 | 기 |
| 녹 | 음 | 기 |
| 녹 | 음 | 기 |
|   |   |   |
|   |   |   |

날짜:    월    일

## 'ㅗ+ㄱ' 받침 낱말 쓰기

매우잘함 | 잘함 | 보통

🎲 그림과 함께 낱말을 읽고, 바르게 써 보세요.

| 독 | 서 |
|---|---|

| 목 | 장 |
|---|---|

| 목 | 련 |
|---|---|

## 'ㅗ+ㄱ' 받침 낱말 쓰기

🎲 그림과 함께 낱말을 읽고, 바르게 써 보세요.

| 복 | 사 | 기 |
|---|---|---|
| 복 | 사 | 기 |
| 복 | 사 | 기 |
| 복 | 사 | 기 |
| | | |
| | | |

| 속 | 옷 |
|---|---|
| 속 | 옷 |
| 속 | 옷 |
| 속 | 옷 |
| | |
| | |

## 'ㅗ+ㄱ' 받침 낱말 쓰기

그림과 함께 낱말을 읽고, 바르게 써 보세요.

| 가 | 족 |
|---|---|
| 가 | 족 |
| 가 | 족 |
| 가 | 족 |
|   |   |
|   |   |

| 폭 | 탄 |
|---|---|
| 폭 | 탄 |
| 폭 | 탄 |
| 폭 | 탄 |
|   |   |
|   |   |

| 혹 | 성 |
|---|---|
| 혹 | 성 |
| 혹 | 성 |
| 혹 | 성 |
|   |   |
|   |   |

## 여러 가지 받침 낱말 쓰기

날짜:    월    일

매우잘함 | 잘함 | 보통

🎲 그림과 함께 낱말을 읽고, 바르게 써 보세요.

| 계 | 란 | 장 | 미 | 번 | 개 |
|---|---|---|---|---|---|
| 계 | 란 | 장 | 미 | 번 | 개 |
| 계 | 란 | 장 | 미 | 번 | 개 |
| 계 | 란 | 장 | 미 | 번 | 개 |
|   |   |   |   |   |   |
|   |   |   |   |   |   |

## 여러 가지 받침 낱말 쓰기

날짜:    월    일

매우잘함 | 잘함 | 보통

🎲 그림과 함께 낱말을 읽고, 바르게 써 보세요.

| 복 | 숭 | 아 |
|---|---|---|
| 복 | 숭 | 아 |
| 복 | 숭 | 아 |
| 복 | 숭 | 아 |
|   |   |   |
|   |   |   |

| 건 | 전 | 지 |
|---|---|---|
| 건 | 전 | 지 |
| 건 | 전 | 지 |
| 건 | 전 | 지 |
|   |   |   |
|   |   |   |

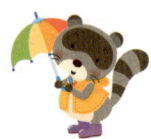

날짜 : 월 일

# 글자 만들기

매우잘함 | 잘함 | 보통

받침이 있는 글자를 만들려고 해요. 오른쪽 빈 칸에 알맞은 글자를 써 보세요.

| | | | | |
|---|---|---|---|---|
| 가 | + | ㄱ | = | |
| 다 | + | ㄱ | = | |
| 라 | + | ㄴ | = | |
| 마 | + | ㄴ | = | |
| 오 | + | ㄹ | = | |
| 러 | + | ㄹ | = | |
| 부 | + | ㅁ | = | |
| 저 | + | ㅁ | = | |
| 크 | + | ㅇ | = | |
| 포 | + | ㅇ | = | |
| 히 | + | ㅇ | = | |

한글은 내친구 ❺단계

아이의 꿈을 생각하는 마음 – 블랙베베의 정신입니다.
## Dream of Black BeBe

### 한글은 내친구   전 8권 (준비단계/유아·유치/예비 1학년)

한글은 내친구 1단계 | 한글은 내친구 2단계 | 한글은 내친구 3단계 | 한글은 내친구 4단계 | 한글은 내친구 5단계 | 한글은 내친구 6단계 | 한글은 내친구 7단계 | 한글은 내친구 8단계

### 수학은 내친구   전 8권 (준비단계/유아·유치/예비 1학년)

수학은 내친구 1단계 | 수학은 내친구 2단계 | 수학은 내친구 3단계 | 수학은 내친구 4단계 | 수학은 내친구 5단계 | 수학은 내친구 6단계 | 수학은 내친구 7단계 | 수학은 내친구 8단계